AF263513

E. ALBE

LA VIE ET LES MIRACLES

DE S. AMATOR

Extrait des *Analecta Bollandiana*, tome XXVIII

BRUXELLES

BUREAUX DE LA REVUE
Société des Bollandistes
22, Boulevard Saint-Michel

IMPRIMERIE
Joseph Polleunis
45, rue Sans-Souci

1909

LA VIE ET LES MIRACLES DE S. AMATOR

Les légendes de Rocamadour en Quercy ont donné naissance à un problème hagiographique qui n'est pas encore résolu et qui ne le sera peut-être jamais : Quel est le saint qui a donné son nom au célèbre pèlerinage? Qu'était S. Amadour? Le document que nous publions aujourd'hui apporte une donnée nouvelle, mais non la solution du problème.

Multiples sont les opinions émises au cours des siècles. L'opinion aujourd'hui reçue à Rocamadour fait de Zachée, le publicain de l'Évangile, un compagnon de S. Martial, apôtre de l'Aquitaine comme lui, marié à Ste Véronique, ermite à la fin de sa vie dans le creux des rochers qui portent son nom. Officielle depuis 1852, où Mgr Bardou l'introduisit dans le bréviaire, cette légende paraît pour la première fois dans une bulle de Martin V, en 1427, disparaît aussitôt pour deux siècles, est reprise en 1631 par Odo de Gissey et Bertrand de la Tour, sur l'autorité de cette bulle, et devient populaire, mais sans pouvoir se faire accepter que d'un très petit nombre d'érudits locaux. C'est au contraire le moment où les érudits vont perdre même la croyance à l'opinion jusqu'alors courante, peut-être par réaction contre la fausseté évidente de la légende nouvelle.

D'après l'opinion courante, vulgarisée par Bernard Gui, mais présentée sous sa première forme abrégée par Robert de Torigny, Amadour n'était pas Zachée, mais tout de même un Palestinien venu sur une inspiration d'en haut, soit seul (suivant le récit de l'abbé du Mont-Saint-Michel), soit avec sa femme Véronique (suivant les Actes conservés à Rocamadour). Il vit en ermite dans les solitudes du Val d'Alzou, non pas sans avoir pris avec S. Martial une part active à l'évangélisation de l'Aquitaine.

Une troisième opinion, officielle pendant deux siècles, ainsi qu'on le voit par les bréviaires, regarde Amadour comme un ermite quelconque venu en nos pays vivre de la vie d'anachorète à une époque indéterminée. Elle fut acceptée par tous les gens instruits et par le clergé, mais peu goûtée du peuple, qui ne la trouvait sans doute pas assez brillante.

Une autre opinion avait été émise par le savant abbé de Foulhiac, dans une longue lettre sur Rocamadour adressée en 1682 à l'évêque de Cahors. Il identifiait notre Amadour avec S. Amatre d'Auxerre, dont quelques reliques avaient été jadis données à une abbaye quercynoise; mais cette opinion n'eut aucun succès, ainsi que je l'ai dit ailleurs (1), parce que, le corps de S. Amatre étant toujours resté à Auxerre, il était difficile d'identifier le corps trouvé en 1166.

Dans mon introduction au Recueil des miracles de N.-D. de Rocamadour, j'avais dit que peut-être on trouverait la vérité en étudiant le culte rendu à un S. Amator dont Cesare Franciotti avait résumé la vie dans son livre sur les saints honorés à Lucques. Ce personnage offrait en effet de curieux rapprochements avec le nôtre; le P. Cuypers les avait signalés le premier dans sa notice sur S. Amadour au tome IV d'août des *Acta Sanctorum*. Ces rapprochements sont encore plus frappants dans la Vie plus complète dont s'était servi Franciotti et que nous publions aujourd'hui.

C'est à M. Hildenfinger, bibliothécaire de la Bibliothèque nationale, avec qui M. Rupin, l'auteur de *Rocamadour,* nous avait mis en relation, que nous devons la connaissance du manuscrit renfermant la vie et les miracles de S. Amator. Ce manuscrit porte le n° 881 des nouvelles acquisitions latines. Il a jadis appartenu aux religieuses Franciscaines de Lucques, qui en ont conservé une traduction italienne faite en 1617 (2). A la suite du manuscrit latin, et recopiées à la suite de la traduction, sont des notes écrites par les religieuses au commencement du XVI⁰ siècle, et qui ont un très grand intérêt. Elles nous ont mis sur la trace d'un autre *Amator* inconnu.

Le manuscrit de la Bibliothèque nationale est très court: treize pages en tout, y compris les notes italiennes, en petit format in-8° carré. L'écriture paraît être du XV⁰ siècle, mais la légende est antérieure, si nous en croyons diverses indications. Nous lisons sur la couverture : *Leggenda sancti Amatoris, confessoris et presbyteri,* ... SORORUM TERTII ORDINIS SANCTI FRANCISCI, *loci S. Michaelis de Bligis* (sic; *de Burgo,* dans Franciotti), *Lucan., scripta per me fratrem Grim^m (Grimaldum).* Au dos on peut lire : *Legende di S. Amatore delle monache di San Michelotto.* Or, les notes italiennes nous apprennent qu'avant la construction du monastère des Franciscains, l'église qui existait déjà était gouvernée par trois *sœurs* du Tiers-Ordre de S. François; elles faisaient faire le service divin par les frères conventuels qui occupaient alors le monastère de Saint-Paul. Les religieuses Franciscaines furent introduites vers l'an 1400, d'après le

(1) Ed. ALBE. *Les Miracles de N.-D. de Roc-Amadour* (Paris, 1907), p. 35 et suiv. — (2) Par les soins de l'abbesse Maria Cherubina Sbarra (communication de Don Pietro Guidi, chanoine de la cathédrale de Lucques, lettre du 22 septembre 1907).

Diario sacro de l'église de Lucques (1). Franciotti parle de 1377, mais peut-être cette date est-elle la date de l'installation des Tertiaires de S. François, succédant aux Bénédictins qui possédèrent l'église de San Michelotto avant elles, et Franciotti a pu confondre les *suore del terzo ordine* avec les *Monache Franciscane*. La rédaction du manuscrit écrit pour les Tertiaires, différentes des Religieuses, pourrait donc se placer entre 1377 et 1400.

Franciotti n'avait fait de ce manuscrit qu'un résumé très incomplet, négligeant de dire que l'*Amator* de Bethléem était venu en Occident et qu'une des églises fondées par lui avait pris de son nom le titre de Sainte-Marie de Rocamadour. C'est pourquoi Philippe Ferrari avait pu mettre en son martyrologe : *Apud Bethleem, S. Amatoris, presbyteri et eremitae* (2).

Amator était né à Bethléem, et, ne trouvant pas la vie monastique suffisante pour sa piété, il se fit ermite. Sa dévotion envers la Vierge sainte était fort grande, et il aimait à réciter en son honneur le *Salve sancta parens*. Un riche personnage de la contrée, qui possédait des reliques de la mère du Sauveur, pensa que son trésor ne serait nulle part aussi bien placé qu'en de telles mains et les fit porter à l'ermitage. Les miracles se multiplièrent ; les foules, déjà attirées par le renom de sainteté de l'anachorète, vinrent plus considérables. Il ne pouvait plus vaquer à la prière. Sur un avertissement du ciel, il partit pour Jaffa et s'embarqua sur un navire qui faisait voile pour l'occident. Il vint aboutir à Saint-Jacques de Compostelle. Mais là aussi sa sainteté lui attirant trop d'honneur, il partit de Saint-Jacques et s'en alla dans le lieu qui devait plus tard s'appeler le Puy-Sainte-Marie (Notre-Dame du Puy). Il y construisit une église, une maison pour les desservants et un hôpital pour les pauvres. Averti par une révélation divine, il quitta encore ce lieu et vint dans un autre, absolument sauvage et désert, où il bâtit une seconde église en l'honneur de Marie et où il mourut, plein de mérites, après avoir prêché longtemps avec beaucoup d'onction au peuple de la contrée. Ce lieu devint un centre populeux qui s'appelle de son nom Sainte-Marie du Roc Amadour. Des anges révélèrent un jour aux clercs de l'église l'endroit où reposait le corps du saint fondateur, et l'on fit la translation des reliques ; puis, une église lui ayant été dédiée, ses restes y furent transférés et on peut les y voir encore aujourd'hui. Suivent une douzaine de miracles opérés par son intercession et celle de la Vierge.

(1) Ce sont encore des Franciscaines qui habitent aujourd'hui le couvent de San Michelotto (communication du chanoine Guidi). Lors de mon passage à Lucques en 1906, je m'étais trompé, et c'est aux prêtres de l'église paroissiale de Saint-Michel que j'avais demandé sans aucun succès des renseignements sur S. Amator et ses reliques. — (2) Cité par le P. Cuypers, *Act. SS.*, août t. IV, p. 19, num. 16-17.

Ceux qui connaissent la légende de Rocamadour ont été certainement frappés déjà des nombreux points de contact qu'il y a entre cette légende et celle de Lucques. On nous permettra de les relever ici. La démonstration n'en sera que plus forte.

1. C'est de Palestine que le bienheureux Amator vient en occident.

2. Il quitte Bethléem sur l'ordre d'un ange et part avec deux compagnons. Dans le récit de Robert de Torigny, Amadour est averti par la Sainte Vierge elle-même ; dans les Actes publiés par les Bollandistes, c'est sur l'ordre d'un céleste message qu'il quitte son pays avec sa femme Véronique.

3. De Jaffa, la barque vient aboutir en Espagne, et l'ermite va droit à l'église célèbre de l'apôtre S. Jacques. C'est le même tour que font Amadour et Véronique pour débarquer à l'embouchure de la Gironde, non sans avoir fait escale à Compostelle, si l'on en croit un moderne biographe.

4. Notre ermite porte avec lui de précieuses reliques de la Vierge : des vêtements, de ses cheveux et de ses ongles, sa ceinture, ses souliers. Dans les Actes, les deux époux s'occupent de se procurer des reliques de leur sainte protectrice et ils les emportent soigneusement avec eux : il y a notamment des habits de la Vierge et de son lait ; Bernard Gui ajoute : de ses cheveux et ses souliers. Dans les Actes, Amadour rapporte de Rome la chemise de la Vierge et la ceinture de S. Pierre ; c'est la ceinture même de Marie que l'anachorète de Bethléem avait dans son trésor.

5. Il donne cette ceinture et les souliers à l'église Notre-Dame du Puy, qu'il avait d'abord construite ; le reste sera pour la seconde, celle qui prendra son nom. Les monographies de Notre-Dame du Puy en Velay nous apprennent que cette église se glorifia longtemps de posséder une partie des cheveux et de la ceinture de la mère du Sauveur, ainsi que ses souliers. Bernard Gui fait répartir par S. Martial les reliques apportées par S. Amadour aux églises nouvellement fondées : un soulier au Puy, un autre à Rodez, des cheveux à Clermont et à Mende. Notons qu'un reliquaire de Rocamadour, épave échappée aux multiples naufrages des trésors de ce sanctuaire, porte encore très lisible l'inscription : *de pilis Beate Marie* (1). Il y avait également des cheveux de la Vierge dans l'église de Gourdon, à 4 ou 5 lieues de Rocamadour (2). Il y en avait également à Figeac, avec une partie de quelque vêtement (3), et Notre-Dame d'Auvert, au diocèse de Saintes, se glorifiait des mêmes trésors (4).

---

(1) Cf. RUPIN, *Rocamadour*, p. 309. — (2) *Bulletin de la Société des Études du Lot*, t. XIV, pp. 183 et 186. — (3) *De vestimento etiam et capillis B Marie*, est-il dit dans un catalogue des reliques de Figeac qui se trouve en tête du ms. lat. 5219, de la Bibl. nationale. — (4) E. DARLEY, O. S. B. *Fragments d'anciennes chroniques d'Aquitaine* (Bordeaux, 1906), pp. 68 et 73.

6. Amator fonde deux églises de Notre-Dame, celle du Puy et celle de Rocamadour. Dans les *Actes*, il est appelé constructeur d'églises et a de fait l'honneur de contribuer en tout ou en partie à la fondation de Mortagne, Soulac, Baignes (1) et Rocamadour.

7. Dans les *Actes* et dans la *Vie* de Lucques, l'église fondée en dernier lieu est appelée petite. Les *Actes* la disent bâtie sous l'encorbellement du rocher; on peut le conjecturer aussi de la description du lieu dans le récit de Lucques.

8. Autres constructions : *Amator* construit une demeure pour les prêtres qui doivent desservir l'église du Puy et un hôpital pour les pauvres. Dans les *Actes* on voit Amadour construire deux monastères près de Mortagne, son premier séjour également.

9. Dans les *Actes* et dans la *Vie*, ce n'est qu'après diverses pérégrinations que l'ermite se fixe au lieu que son nom rendra célèbre : Soulac, Mortagne, Baignes, Bordeaux, Rocamadour — Compostelle, le Puy, Rocamadour.

10. Malgré ces nombreux voyages et malgré ces constructions faites, il est avant tout un ermite. C'est même par goût de la solitude qu'il change de résidence, quand les foules viennent trop nombreuses. L'Amadour du Quercy mène également la vie érémitique, soit avec sa femme aux environs de Mortagne, soit seul au val d'Alzou. C'est si bien sa caractéristique qu'on faisait de lui avant 1852 l'office des anachorètes.

11. L'anachorète ne rebute pas cependant ceux que sa sainteté attire auprès de lui. Il prêche, et même l'auteur italien nous analyse sa prédication « plus douce que le miel »; il nous rapporte quelques-unes de ses paroles. L'époux de Véronique prêche aussi aux gens de Mortagne, qu'il « illumine par les enseignements de sa doctrine et les exemples de sa vie », puis aux peuples du Quercy, qu'il « forme à la foi chrétienne », étant « zélé dans la prédication, consolateur éloquent des affligés. »

12. Il semble qu'un tel prédicateur ne pouvait être un simple laïque. Aussi la *Vie* de Lucques nous apprend qu'il fut fait prêtre, afin de pouvoir rendre plus de services spirituels à ceux qui venaient auprès de lui. Les *Actes* ne le disent pas, mais c'est le sens obvie d'un récit qui nous montre dans Amadour un prédicateur et un constructeur d'églises et de monastères. Un biographe moderne le fait évêque et même évêque de Cahors.

13. Les deux textes décrivent presque de même les lieux où Amadour finit sa vie. « Il se dirigea, disent les *Actes*, vers un autre

____

(1) Saint-Étienne de Baignes au diocèse de Saintes. Les *Actes* portent *Bearniae* pour *Beainiae*.

ermitage, à savoir vers une vallée profonde, cernée de rochers, terrible et sauvage. » Et la Vie de Lucques : « Il vint donc en un lieu absolument désert et sauvage, où l'eau même semblait manquer, éloigné de toute habitation humaine. »

14. Et ce lieu se peuple d'habitants. Reconnaissants disent les Actes, envers celui qui les a débarrassés des bêtes sauvages qui infestaient le pays, les gens du voisinage viennent à lui pour l'entendre, ils ont recours à lui dans tous leurs besoins, et c'est ainsi que ce lieu désert peu à peu se peuple ; quand Amadour est rappelé à Dieu, il a de nombreux « frères » autour de lui. C'est tout à fait la même chose pour l'ermite de Bethléem. « En ce lieu où personne ne pouvait demeurer, tant il était sauvage et horrible, de nombreuses demeures s'élevèrent par amour et par respect pour le saint homme. »

15. Le saint honoré à Rocamadour meurt le même jour que le saint honoré à Lucques, le 20 août. C'est à cette date que l'on célébrait sa fête dans les deux endroits. Dès le XVIII⁰ siècle, au moins pour le diocèse de Cahors, sinon pour l'église même de Rocamadour, des coïncidences liturgiques (1) firent porter cette fête au 21 août, puis au 26 ; mais encore aujourd'hui c'est le 20 août que les religieuses franciscaines de Lucques célèbrent la fête de leur saint et qu'elles exposent ses reliques aux hommages des fidèles (2). Cette concordance de dates est des plus frappantes.

16. Le saint, après sa mort, donne son nom au lieu de son dernier séjour. C'est dit très expressément dans la Vie de Lucques. Les Actes n'en parlent pas (peut-être y avait-il d'autres leçons pour la fête de la translation), mais Bernard Gui et ses imitateurs, depuis S. Antonin de Florence jusqu'à Bonaventure de Saint-Amable, comblent cette lacune.

17. La Vie de Lucques parle de deux translations : une première fois lorsque le corps est levé du lieu de sa sépulture et qu'on l'expose dans une châsse sur l'autel de Notre-Dame ; une seconde fois lorsqu'on le transfère de l'église Notre-Dame dans l'église de S. Amator. Nous avons ces deux translations à Rocamadour : la première est racontée par Robert de Torigny, la seconde ressort des faits : encore aujourd'hui c'est dans l'église dédiée à S. Amadour que l'on conserve les restes échappés à la rage calviniste.

18. A propos de cette église on peut faire remarquer ceci : d'après la Vie, la nouvelle église fut dédiée à *S. Amator*, à *S. Jean-Baptiste* et à *d'autres saints*. En réalité, à Rocamadour, il y avait, outre l'église dédiée à S. Amadour, d'autres chapelles dédiées à S. Jean-

---

(1) La fête de S. Bernard, et plus tard celle de Stᵉ Jeanne de Chantal. — (2) Lettre du chanoine Guidi, déjà citée.

Baptiste, à Ste Anne, S. Pierre, S. Louis, S. Michel. Il semble qu'il y ait eu confusion.

19. Les deux *Amator* sont des fervents de la Ste Vierge : la Vie fait répéter à l'ermite de Bethléem le *Salve, sancta parens*, de Sedulius ; les Actes mettent l'*Ave Maria* sur les lèvres défaillantes de l'ermite de Rocamadour.

20. Aussi les miracles qui s'accomplissent après la première translation sont-ils avant tout des miracles de Marie. Robert de Torigny nous le dit : « il se fait par l'intercession de Marie des miracles jusque-là inouïs. » Et la Vie de Lucques nous parle des miracles que Dieu accomplit « par les mérites de la Vierge, sa Mère, et du bienheureux Amator, confesseur du Christ. » Ceux qui venaient vénérer le corps s'écriaient d'une voix unanime : « O bienheureuse mère du Christ, ayez pitié de nous ». Aujourd'hui encore les pèlerins de Rocamadour ne pensent ni à Zachée, ni au mystérieux Amadour, c'est Notre-Dame seule qu'ils invoquent et qu'ils prient.

Ainsi donc, comme le montrent les rapprochements que nous venons de signaler, la légende du saint vénéré à Lucques rappelle tous les traits de celle du saint vénéré à Rocamadour, excepté ce qui, dans cette dernière, se rapporte aux légendes bordelaises ou limousines. Cependant l'auteur ne paraît pas avoir connu les Actes, ni les travaux de Bernard Gui ; il serait vraiment étrange, en effet, qu'il eût délibérément laissé de côté dans ces légendes ce qui était pour son temps le plus beau titre de gloire du saint dont les sœurs de Lucques se glorifiaient d'avoir quelques reliques. Il ne semble pas se douter que les deux endroits sanctifiés par Amator pouvaient être en France, et donc ce n'est pas sur des rapports de pèlerins qu'il a écrit. Ce qui est curieux à noter, c'est qu'on devait bien connaître à Lucques au moins le célèbre pèlerinage de Notre-Dame du Puy, car en 1383, précisément vers l'époque où la légende a dû être écrite par Frère Grimaldi, il y eut un miracle produit par Notre-Dame du Puy en Velay en faveur d'un certain Hugues de la Sale, « natif du diocèse et vallée d'Aoste, en Savoie, habitant et aubbergier de Lucques en Italie » (1). J'ai déjà rappelé ailleurs que le siège, alors épiscopal, de Lucques avait été occupé de 1330 à 1340 par un quercynois, Guillaume Doucin de Montauban, mais ce n'est pas du Quercy que l'église de San Michelotto tenait sa relique (un bras de S. Amator), puisque l'on possède encore aujourd'hui à Rocamadour les deux bras tout entiers du corps trouvé en 1166.

Ne pourrait-on pas admettre l'existence d'un texte ancien, aujourd'hui perdu, d'une Vie de S. Amator qui aurait servi à l'auteur des Actes

(1) Odo DE GISSEY, *Histoire de Notre-Dame du Puy*, p. 507.

et à l'auteur italien? Les Actes montrent de la façon la plus évidente les traces d'une juxtaposition de textes, même sans recourir au *cursus;* et notamment la seconde partie, celle où il est parlé d'Amadour comme ermite, est très différente de ton et de style de la première partie où il est question de S. Amadour et de Ste Véronique : les auteurs les plus prévenus en faveur de ces Actes l'ont remarqué ; la phrase où se trouve l'unique mention du Quercy (*Caturcinae vallis*) est sûrement interpolée (1) ; de même, dans la première partie, celle où il est question du voile de Véronique (la sainte Face). Tout cela permet de supposer avec quelque fondement l'existence d'un texte primitif, auquel le rédacteur des Actes aurait ajouté des parties empruntées à la légende bordelaise et à la légende limousine. Les broderies sont indéniables : il suffit de comparer le texte de Robert de Torigny, le texte des Actes et le texte de Bernard Gui, en attendant qu'on essaie, mais timidement, un pas de plus en identifiant Amadour avec le publicain de Jéricho.

Mais l'auteur italien s'est servi pour son récit de tout ce qui lui a paru bon. Une curieuse coïncidence a permis de s'en rendre compte. Les Bollandistes préparent en ce moment le 3e volume du mois de Novembre des *Acta Sanctorum*. A la date du 6, se trouve la vie de S. Léonard de Noblat, personnage célèbre en Limousin. On en a des manuscrits qui remontent au XIe siècle. Or, en corrigeant nos épreuves le R. P. Poncelet a remarqué plusieurs passages identiques dans la Vie de S. Léonard et dans celle de S. Amadour; non seulement identiques, mais copiés même d'assez près pour qu'on eût le droit de parler de plagiat; car sur des détails secondaires il est difficile de se rencontrer de cette façon. C'est d'abord le passage où S. Amator voit venir à sa solitude les mêmes gens dont il a dû fuir au Puy le trop grand empressement; c'est la façon dont on retrouve le corps du bienheureux; c'est enfin un des miracles (le 5e), qui reproduit un miracle de S. Léonard, avec cette seule différence, ou à peu près, qu'il y question du vicomte de Millau, au lieu du vicomte de Limoges (2).

Indépendamment de ces trois morceaux, il y a encore quelque autre passage imité de très près pour quiconque est averti, mais qui pouvait être écrit tel quel sans le secours d'aucun original, la vague énumération des guérisons de toutes sortes opérées par le saint. On trouvera aux notes du texte les passages empruntés. Il est probable que ces emprunts hardis ne sont pas les seuls et qu'on en trouverait encore d'autres en fouillant les légendes hagiographiques des pays qui avoisinent le diocèse de Cahors. Faut-il en rendre responsable

(1) M. Rupin a fait remarquer fort justement que cette phrase n'est pas marquée du *cursus*, comme un certain nombre d'autres des Actes (*Rocamadour*, p. 50). — (2) Voir le texte pp. 73, 76, 77, 81.

l'auteur italien ou l'auteur de la légende « rocamadourienne » dont
il s'est inspiré? C'est ce que nous ne saurions dire. Quoi qu'il en soit,
c'est une chose intéressante que la constatation faite par le savant
Bollandiste : elle achève la démonstration de l'origine française de la
légende de Lucques, et je le remercie très sincèrement de me l'avoir
signalée.

Cette origine française de la légende italienne s'accentue encore
par la « géographie » des miracles qui s'y rattachent. Ces miracles ne
sont pas bien intéressants (1), et deux même sont parfaitement
ridicules; les personnages n'y sont pas nommés, sauf un seul dont le
nom ne dit rien ; quatre miracles ne renferment aucun nom de lieu
ni de personne, mais sur les huit autres, trois ont pour objet des
personnes de Milhau, au diocèse de Rodez, un intéresse une personne de Rodez, et un cinquième une personne de Bordeaux; deux
ont rapport à des Italiens : un chevalier d'Asti et une femme de
Prati di Castello, entre Florence et Pistoie; enfin, un autre raconte la
guérison d'un fou de la Saxe. Sur huit miracles, par conséquent, il
est cinq fois question de l'Aquitaine. C'est assez frappant pour une
légende composée en Italie.

Mais voici une complication, voici une autre légende.

Les Franciscaines de Lucques avaient une grande vénération pour
le saint dont elles conservaient les reliques. Tous les ans, au 20 août,
elles faisaient célébrer une grand'messe par leurs frères les Franciscains. (Du temps des sœurs du Tiers-Ordre, on recourait, paraît-il,
aux Conventuels du couvent de Saint-Pierre). Malgré les nombreux
détails de la Vie composée par le Frère Grimaldi, elles avaient
quelques doutes, et les religieux aussi. Vraiment, il y avait trop de
vague sur l'époque et sur le pays où avait vécu ce saint *Amator*. Elles
trouvèrent un jour l'occasion de sortir d'incertitude, et c'est elles-
mêmes qui nous ont raconté la chose dans le manuscrit où se trouvait
la légende.

En 1518, du temps que Fr. Silvestre de Monte-Carlo était leur
confesseur, trois frères franciscains espagnols vinrent au couvent.
L'aumônier leur fit lire le petit manuscrit : « Nos frères, » dit-il,
« n'en disent la messe qu'avec hésitation; dites-moi si on en fait
» l'office dans votre pays, si vous savez où se trouve son corps;
» est-il même canonisé? » — « Bien sûr, » répondirent les religieux
après avoir lu le manuscrit, « bien sûr, et en Espagne on célèbre
» sa fête avec beaucoup de solennité. » Ils ajoutèrent que c'était
l'usage en leur pays de dire pour les âmes des morts les messes

---

(1) Ils ne semblent pas avoir jamais été populaires.

de S. Amadour, comme en Italie on dit les messes de S. Grégoire. Ils signèrent cette déclaration de leurs noms et dirent encore qu'ils avaient visité une église et un hôpital de Sainte-Marie de Rocamadour (à la Rocha Amadore) dans une paroisse du Portugal, c'est-à-dire dans la ville de Porto. Cette église est distante de Saint-Jacques de trente lieues environ. Ils connaissaient une autre église de Sainte-Marie de Rocamadour, — toute petite, celle-ci, — où était mort, croyaient-ils, S. Amadour, située à cinq lieues au delà de Villacerge, autrement dit Villanova de Valcarota. On disait la messe d'un confesseur simple (non pontife).

Quelque temps plus tard les religieuses ajoutent une autre note. Le 3 mars 1526 elles eurent la visite du révérend ministre général de l'observance franciscaine, Frère François des Anges (1), espagnol de nation et cousin de l'empereur Charles. Il était accompagné de cinq religieux de la maison de Livourne, dont le ministre de la province. Après la messe, célébrée par le ministre général, il y eut chapitre, et la mère abbesse lui remit le présent manuscrit, en le priant de vouloir bien lui faire le plaisir de le lire. Il le parcourut rapidement et lut les notes des trois religieux espagnols. Il confirma leur témoignage, disant qu'il les connaissait personnellement et qu'ils avaient donné des renseignements vrais.

La mère abbesse lui demanda alors si l'on en pouvait faire l'office et si les frères pouvaient en dire la messe, ce qu'ils n'osaient pas trop, parce que l'on ne faisait pas en Italie l'office de S. Amator; elle lui fit l'historique du culte. Du temps des sœurs tertiaires, les Conventuels venaient avec diacre, sous-diacre et autres officiants, chanter la messe le 20 août, et les Franciscaines avaient continué depuis le premier jour de leur établissement à San Michelotto. Le ministre général se tournant vers les religieux leur dit : « Vous, frères, vous direz la messe et les moniales réciteront l'office. Je vous donne là-dessus pleins pouvoirs, et je peux vous les donner, vu les insignes reliques que vous possédez et la solennité du culte qui s'est toujours pratiqué dans votre église; n'ayez à cet égard aucun scrupule. »

Quiñonez ayant été fait cardinal, il y eut en 1529, au mois de mai, un chapitre général où fut élu son successeur, le frère Paul de Palma. Le confesseur des Franciscaines de Lucques s'y trouva et obtint du nouveau ministre général la confirmation des permissions données par son prédécesseur au sujet du culte de S. Amator. Or, il y avait là le ministre de la province de Saint-Jacques de Compostelle, qui lui répéta ce qu'avaient dit les trois religieux espagnols en 1518 au sujet des messes de S. Amadour, analogues aux messes grégoriennes, et

(1) Francisco de Quiñonez, de la famille de Luna (voir p. 87).

de la conservation du corps de S. Amator dans une église de Sainte-Marie de *Rocha Amatore,* à cinq lieues de Villacese ou Villanuova de Valgaretto.

Cette histoire des messes, il me sembla que je l'avais lue autre part. C'était précisément la conclusion de la Vie, fabuleuse sans contredit, d'un S. Amadour, anachorète, fondateur également d'une église de Sainte-Marie de Rocamadour *(una sglesia qui ara ha nom Nostra Dona Sancta Maria Roquamador).* Cette Vie est connue, elle a été publiée en 1878 à Marseille, d'après un manuscrit catalan, qui est peut-être du XIIIe siècle, par M. V. Lieutaud, alors bibliothécaire (1). Il en avait été fait une traduction languedocienne qui fut imprimée en 1520 à Toulouse, mais dont nous ne connaissons que le titre et le résumé d'après l'abbé de Foulhiac (2). Amadour, donné au diable dès sa naissance et emporté par lui, fut arraché au malin par Paul l'ermite, qui l'éleva après l'avoir baptisé dans sa chapelle. L'enfant fut nourri par une biche qui l'allaita, devint prêtre et sauva, par ses messes, l'âme de son père et de sa mère. Il avait dit pour cela sept messes en l'honneur de la Ste Vierge, trois en l'honneur de la Ste Trinité, une du S. Esprit, une de Ste Marguerite, sept de Ste Marie Madeleine, trois des anges, quatre pour les apôtres et une pour les évangélistes, une en l'honneur de la Sainte Croix, une pour les martyrs, une pour les confesseurs, une pour les vierges, et trois pour les fidèles défunts. « Et tenez pour certain, » dit le rédacteur de cette Vie, « que toute âme qui est dans la peine du purgatoire est immédiatement délivrée dès que les dites messes sont célébrées pour elle. » Cette dévotion, fortement recommandée, à cause de *la gran virtut que aquestes misses han,* a un rapport très visible avec la dévotion des messes de S. Amadour dont parlaient les franciscains espagnols.

Les messes de S. Amadour dont parlent les franciscains espagnols furent populaires ailleurs qu'en Espagne et en Portugal : M. l'archiprêtre Dubarat, de Pau, l'érudit bien connu du diocèse de Bayonne, a publié dans ses *Etudes historiques et religieuses* des extraits de testaments, trouvés aux archives des Basses-Pyrénées, où il est question des messes de S. Amadour pour lesquelles on laisse diverses sommes (3).

(1) D'abord dans le *Bulletin de la Société des études du Lot,* t. III (1876-77) p. 100. — (2) *Sensec la vida del glorios confessor et amat de notre seignour Jésus-Christ, Monseignour St-Amador nouvellement translatada al coumun tengatge de Toulouso.* Imprimée à Tolose, chez Colomiés vers 1520. (Lettre sur Rocamadour, à Mgr Lejay). Il a été impossible soit à Toulouse soit à Paris de retrouver un seul exemplaire de cette Vie. — (3) 2e année, 1803, p. 470. « M. l'abbé J. Lacoste, à qui l'histoire diocésaine doit plusieurs bons travaux vient de découvrir sur un vieux feuillet gothique du XVIe siècle les oraisons propres de S. Amadour. Ce saint était principalement invoqué dans notre pays en faveur des âmes du Purgatoire. Nous ignorons le motif. S. Amateur fut un évêque d'Auxerre... sa vie est dans les

Le Béarn touche à l'Espagne. Mais le Maine en est loin. Cependant Mgr Barbier de Montault cite un document des archives de Jarzé (Maine-et-Loire) qui montre que l'on y connaissait également la légende des messes de S. Amadour. Le curé, Pierre Michel, qui donne le détail des messes à dire, les compare aux messes de S. Grégoire, absolument comme faisaient les trois religieux franciscains (1).

Le texte publié ne disait pas où était Sainte-Marie de Rocamadour. Il nous apprend seulement qu'Amadour était né de parents romains, et avait vécu en Égypte. Mais il revint à Rome, raconta toute son histoire au pape, qui, admirez l'invraisemblance, voulut lui céder sa place. Amadour refusa; il ne voulut même pas être cardinal, ni évêque, mais avec la permission du pape, il commença de bâtir *ici* une église, qui maintenant se nomme Notre-Dame de Rocamadour.

Ici, cela manque de précision. L'abbé Foulhiac a compris : *dans les terres de son père;* M. Rupin a pensé qu'il s'agissait d'une abbaye de Rocca-Amadori, qui aurait été fondée en 1197, près de Messine, et dont on ne sait presque rien.

Bollandistes, *Act. SS.,* 1ᵉʳ mai; on n'y trouve rien sur son intercession en faveur des défunts. » Les oraisons données à la suite n'offrent rien de particulier; pas plus d'ailleurs que celles qui se disent aujourd'hui dans le diocèse de Cahors et qui sont les mêmes depuis au moins le XVIIᵉ siècle. — (1) Barbier de Montault, *Œuvres complètes*, t. XII. p. 367-8 (communiqué par M. E. Rupin) : « *1620 Hae sunt missae quas S. Gregorius celebravit sine intermissione aliarum. Prima, de adventu :* « Ad te levavi »; *Secunda, de feria V ante nativitatem Domini :* « Rorate »; *Tertia, de vigilia Nat. Domini :* « Hodie scietis »; etc., etc. « *Ci s'ensuit la déclaration et le nombre des messes que Monsieur saint Amador dist pour son père et pour sa mère. Et premièrement sept messes de N. D., trois messes de la Trinité et une du St-Esprit et une de Ste-Marguerite et six de la Magdeleine et trois de S. Michel l'ange, et quatre des Apostres et une des Évangélistes et une de Sainte Croix et une des Martyrs, une des Confesseurs, une des Vierges et troys des Trepassez, et les devront faire dire tous les bons Xrestiens pour leurs amys trespassez, car nul ne sçauroit nombrer ce qu'elles vallent, et incontinent que Saint Amadour les euts dictes, sa mère s'en alla tout droit en Paradis et le vingt remercier et payer. En dist autant pour son père, qui fut pareillement délivré et feut porte des <anges ?> en la gloire du Paradis, en laquelle nous veille conduire le Père et le Fils et le benoist Esprit. Pierre* Michel, *curé de Jarzé* ». La seule différence avec le texte catalan publié par M. Lieutand est que S. Amadour dit sept messes (au lieu de six) de Stᵉ Marie-Madeleine, et que les messes de S. Michel sont en réalité une pour chacun des trois archanges. M. Barbier de Montault, qui ne connaissait pas l'existence d'une légende portugaise ou espagnole, mais seulement la légende de Rocamadour, fait cette observation, qui tombe d'elle-même : « Je me demande comment le fondateur de cette dévotion, qui vivait au premier siècle, a pu dire une messe de Stᵉ-Marguerite qui vivait au troisième. La légende abuse un peu trop de la crédulité des fidèles. » Mais la légende où il est question de messe de Stᵉ-Marguerite ne dit pas du tout que S. Amadour fût du premier siècle !

Plus probablement, cette légende est, sauf un léger changement, une légende portugaise et se rapporte à un S. Amador dont on a conservé longtemps le corps à Monsanto, dans la province de Beira Baixa.

Ne trouvant dans aucun dictionnaire les noms de Villacese ou Villacerge et de Villanova de Valcarota et voyant qu'il était question dans les notes du manuscrit d'une église et d'un hôpital à Porto, je demandai des éclaircissements à M. le Dr J.-G. Coelho, qui m'avait été signalé(1) comme s'occupant du culte de Notre-Dame de Rocamadour en Portugal. Il me répondit avec autant d'empressement que de complaisance.

1° Il y avait, en effet, une chapelle et un hôpital de Notre-Dame de Rocamadour à Porto, dans la rue des Caldeireiros ; ils furent donnés à l'œuvre de la Miséricorde de cette ville, qui est une des institutions charitables les plus complètes et les mieux organisées qui existent (2) ;

2° On vénère à Monsanto le souvenir de S. Amador, ermite, qui vivait il y a bien longtemps, à une époque indéterminée. Il fonda sur cette montagne une église dédiée à S. Pierre et qui s'appela plus tard *S. Pierre-de-la-Biche-qui-vient* (Saõ-Pedro-de-Vir-a-Corça), en souvenir d'une biche qui aurait allaité non pas Amadour, comme dans la légende catalane, mais un enfant sauvé par lui des griffes de Satan (3). On voit tout de suite déjà la ressemblance des légendes.

M. Coelho m'envoyait d'ailleurs peu de temps après un extrait de l'*Agiologio Lusitano* de Jorge Cardoso qui, à la date du 27 mars, donne sur S. Amador de Monsanto des détails un peu plus complets, et ces détails accentuent les rapprochements déjà indiqués. Le jeune enfant sauvé par l'ermite devient prêtre et tire du purgatoire l'âme de son père en disant un certain nombre de messes que S. Amador lui indique. Quand l'ermite mourut, il fut enterré sous l'autel de la chapelle de S. Pierre. Sa réputation de sainteté se répandit bientôt et l'on vint en foule, de toute la province de Beira, lui demander des grâces de guérison. Les malades étaient guéris avec la poussière de son tombeau, etc. (4). Un prieur de Monsanto, qui vivait en 1640, avait publié une Vie de S. Amadour, mais il a été impossible de retrouver dans aucune bibliothèque le texte rédigé par Miguel Freire Machado, prieur de la paroisse de Saint-Michel de Monsanto. Longtemps on conserva précieusement les reliques du saint ermite, mais il n'en

---

(1) Par M. l'abbé Layral, auteur d'un *Mois de Marie de N.-D. de Rocamadour*. — (2) Dr Coelho, *Memoria sobre a misericordia do Porto*, présenté au Congrès international d'assistance publique, 1900, p. 11. — (3) Penho Leal, *Portugal antigo e moderno*, éd. de 1874, vol., V, verb. Monsanto, p. 414, col. II (communication de M. Coelho). — (4) *Agiologio Lusitano*, Lisboa, 1657, t. II, p 321 (communication de M. Coelho). On en trouvera le texte après celui du ms.

reste plus rien aujourd'hui, et il ne semble même pas qu'il y ait aucun culte officiel (1). Il existe cependant au moins deux villages de S. Amadour, en Portugal, dont l'un dans la province d'Alemtejo.

Sans doute, l'existence de cet ermite de Monsanto — en supposant qu'il ait bien réellement existé, — complique le problème; qui sait pourtant si la légende primitive, sans les broderies fantastiques qui y furent ajoutées, n'a pas pu donner quelque idée aux auteurs de la nôtre? Le texte catalan attribue à cet ermite, venu d'Orient, l'église de Rocamadour. On peut noter de plus que l'évêché de Garda, où est Monsanto, était jadis suffragant de l'archevêché de Santiago de Compostella, par suite, que les pèlerins de S. Jacques ont pu connaître le S. Amadour portugais. Notre recueil de miracles nous montre à plusieurs reprises les pèlerins de Rocamadour, pèlerins aussi de S. Jacques; et réciproquement un des miracles attribués à S. Amator par la Vie de Lucques est en faveur de pèlerins de S. Jacques. En 1170, un de ces pèlerins fut l'abbé de Tulle, prieur de Rocamadour, Gérard d'Escorailles; et à cette date la légende quercynoise n'était pas faite, puisque l'auteur du recueil, qui écrit en 1172, n'y fait pas la moindre allusion (2).

Le R. P. Joachim de Campo Sancto, S. I., écrit de Porto aux Bollandistes que *les ermites de Rocamadour* avaient plusieurs maisons en Portugal; qu'on les croit arrivés en même temps que l'armée de secours qui aida le roi Sancho I dans la conquête de nombreuses places moresques de la province d'Algarve. Ce roi leur donna la ville de Souza, dans la province de Douro, ville importante, depuis ensevelie en grande partie sous les sables, dont il resterait une paroisse de Saô Romaô dont l'église possède une image de Rocamadour. Ils fondèrent d'autres maisons en Portugal, mais au XVe siècle l'ordre de ces ermites tomba en décadence et fut supprimé ou s'éteignit, et l'église de Sainte-Marie de Rocamadour de Souza fut donnée en commande par le roi Alfonse V » (3). Que pouvaient bien être ces ermites de Rocamadour? Espérons que M. le Dr Coelho, dans son prochain travail du *culte de N.-D. de Rocamadour en Portugal,* nous éclaircira ce nouveau problème.

Ainsi donc, je ne peux, comme je le disais en commençant, donner aucune conclusion certaine. Il serait facile de faire des suppositions sans nombre, plus ou moins appuyées, mais il ne faut en faire qu'à bon escient. Toutes ces données nouvelles pourront servir à d'autres

(1) Lettres de M. le curé actuel de Monsanto, communiquées par M. Coelho (nov. 1907). — (2) E. ALBE, *Miracles de N.-D. de Rocamadour,* introduction. — (3) Communiqué par le R. P. Poncelet.

chercheurs plus heureux et les aider à retrouver peut-être les éléments divers, ramassés de çà et de là, qui ont formé les Actes de S. Amadour (1). Je suis persuadé qu'on en trouvera jusque dans la Vie de S. Amador de Monsanto (2), jusque dans la Vie de S. Amatre d'Auxerre (3), et qu'il y a eu entre 1172, date de la composition du recueil des miracles, et 1183, — date de la composition de la partie des chroniques où Robert de Torigny rapporte la première légende d'Amadour, — une rédaction primitive dont se sont servis le rédacteur des Actes et le rédacteur de la Vie de Lucques. Mais pour le moment l'on ne peut fournir au lecteur, que ce problème intéresserait, que quelques données de plus, dont il tirera lui-même les conclusions qui lui paraîtront raisonnables.

Cahors.   E. ALBE.

(1) Légendes de S. Martial, de Front, de S. Ausone d'Angoulème, de la femme bazadaise en sa forme du XIIe siècle, etc. Chronique santone, etc. — (2) Du moins dans la légende catalane, si ancienne, et qui fait venir d'Égypte le fondateur de Notre-Dame de Rocamadour. — (3) Celui-là est le plus connu et le plus populaire. Les plus anciens martyrologes parlent de lui. Il était vénéré en Espagne. D'après certains biographes, il était allé en pèlerinage aux lieux saints et rapporta d'Antioche les corps de S. Cyr et de Ste Juliette (en face de Rocamadour il y eut une antique paroisse, aujourd'hui disparue, appelé Saint-Cyr d'Aljzou); le nom de la femme d'Amatre était celui de la sœur de Lazare, à laquelle les biographes la comparent; on le voit chasser des troupes de démons et s'attirer ainsi la reconnaissance des foules. Amatre saisi d'une forte fièvre, comme notre Amadour, se fit, comme lui, porter dans l'église pour y mourir (ce dernier détail se trouve dans le pseudo-Aurélien; il y est attribué à S. Martial), etc.

f. 1.

Legenda sancti Amatoris confessoris.

Sanctissimi confessoris Christi Amatoris miracula, quę per eum Dominus operari dignatus est, scribere cupientes, prius de origine ipsius et vita breviter et succincte aliquid enarrare [1] curemus. 5

Sanctissimus itaque ac beatissimus Amator de Bethlemiticis partibus extitit oriundus, nobilis quidem genere (1), set nobilior sanctitate. Qui vero ab ipsis infancię suę crepundiis manifestissime sanctis cepit pollere virtutibus; sacris etiam litteris eleganter edoctus, salutaria precepta quoque [2] legebat ipse per semetipsum 10 fideliter adimplere studebat. Refulgebat itaque Deo dilectus, sanctis virtutibus innocentię preditus, simplicitate conspicuus, suavitate venerabilis, benignitate laudabilis, castitatis etiam dono prefulgidus. Ex ipsius veneratione virtutis magno splendore coruscans [2*], exemplum bonę conversationis omnibus demonstrabat 15 sollicitus. Caritatis autem fervore sublimiter exuberans, secundum apostolicum preceptum ita erat in ipsa fundatus ut veraciter posset comprehendere cum sanctis quę sit latitudo, longitudo, sublimitas et profundum. Hac itaque profunditate comperta, vir Dei Amator pleniter adornatus meditabatur in lege Domini, ut 20 videlicet diebus ac noctibus in vigiliis et orationibus persisteret [3]. Et, quia totus erat in Dei laudibus intentus confessor Christi Amator graciosus, nec sibi sufficere monachicam vitam credens, ad heremiticam quamtotius festinavit.

Ubi austerius [4] corpus proprium ieiuniis ac vigiliis, squaloribus 25 quoque ac frigoribus multis edomuit. Qui duabus tantum in ebdomada vicibus agrestium herbarum radicibus utebatur. Vinum et siceram [5] toto tempore vitę suę non bibens, modica, prout exigebat humanę fragilitatis condicio, linfa recreabatur. Nunquam in lecto, set super nudam humum requiescebat. 30

Extendebatur etenim nomen sanctitatis eius per totam orientalem provinciam, ita quod multi infirmi gratia recuperandę sanitatis ad eum undique confluebant; cui tanta virtutum munera divina concessit gratia, ut omnium infirmitatum depelleret ostacula. Cecis enim reddebat visum, surdis auditum, claudis 35 gressum; leprosos mundabat, demones effugabat et cunctis ad

---

[1] *ms.* ennarrare. — [2] *lire* que (= quae). — [2*] *ms.* corruscans. — [3] *ms.* persisterat. — [4] *ms.* austeriu. — [5] *ms.* sicceram.

(1) Acta : *Sanctus itaque noster Amator Hebraeus vere et Israelitica fuit religione.*

se venientibus, tam infirmis quam sanis, consolationis opera
exhibebat (1).

Cumque cęlestem vitam in terris ageret, et magisterio illius
plurimi cuperent erudiri, et peccata sua sibi confiteri, ad sacerdo-
5 talem dignitatem, divina patrocinante gratia, pervenit. Tantam
igitur devotionem vir Domini Amator cepit habere in beatissimę
virginis Marię officiis quod nulla horarum diei preteriret quin
laudibus eius inveniretur intentus. Quaque die vir Domini sanctus
in honore beatę Marię virginis cantare cum magna reverentia
10 | consuevit officium illius, semper in ore revolvens quod dicitur : f. 1ᵛ.
Salve, sancta parens, enixa puerpera regem (2).

Fama ergo sanctitatis eius, que per Ierosolimitanam regionem
vehementer divulgabatur, pervenit ad aures cuiusdam nobilis-
simi viri, qui longo tempore sacratissima prefatę genitricis Dei
15 pignora diligentissime in suo conservaverat gazophilacio : de
vestimentis videlicet et de capillis et de ungulis, et eius preciosissi-
mam zonam ex integro, et subtulares (3). Et quamvis homo iste
bonus esset et Deo devotus, indignum tamen arbitrabatur se
tantarum reliquiarum esse conservatorem. Retulit ergo iste beni-
20 gnus prenominatus prenominatas reliquias sanctissimo prenomi-
nato Amatori presbitero, ut conservaret tam preciosum, tam
copiosum thesaurum. Quo viso, sanctissimus Amator Christi
tanto gaudio tantaque letitia animus eius repletus [6] est quod statim
cepit dicere cum propheta : *Consolationes tuę, Domine, letificaverunt*
25 *animam meam*.

Multi quidem infirmi et variis languoribus detenti ceperunt
beatissimum presbiterum Dei plus solito frequentare eiusdemque
suffragium devotissime postulare. Qui omnes, tum pro merito
sanctitatis prefati Amatoris, tum pro reliquiis quas apud se
30 habebat, pristinę sanitati restituebantur. Cecos, ut supra dictum
est, illuminabat, surdis auditum reddebat, demones effugabat,
leprosos mundabat ; claudis gressum restituebat et varias infirmi-
tates, invocato Christi nomine, curabat. Tantus itaque populorum
concursus veniebat ad beatum Amatorem, devotissimum Christi

— [6] *ms.* replettus.

(1) Cf. Vie de S. Léonard, ch. 4 : *Fugabat quidem daemonia, reddebat surdis
auditum, caecis visum, claudis gressum, infirmantibus quoque omnibus ad se venientibus salutis praestabat remedium.* — (2) Acta : *Ave Maria, gratia plena, devote
saepius repetens.* — (3) Acta : *reliquias, maxime de Beata Virgine, recolligere ;
unde per ipsam Veronicam gloriosum lac mamillarum Virginis gloriosae... humi-
liter et utiliter recollectum, vestes etiam eiusdem virginis et cetera multa talia...*
Bernard Gui : *Secum tulerunt de lacte Beatae Mariae et de capillis eius et duos
eiusdem Beatae Virginis sotulares (Flores cronicorum).*

sacerdotem, quod in laudibus quas in honore Dei et beatę Marię virginis solitus erat facere, non poterat se studiosum habere (1).

Revelatum sibi fuit per angelum (2) quod inde secederet et maria transmearet et reliquias beatę Marię virginis secum deferret. Quam revelationem, quam citius potuit, adimplere curavit. 5 Relicto itaque loco, in quo nimium se frequentari conspiciebat, venit tamen cum duobus sociis contentus ad portum. Invenit ibi navem volentem ad occidentalem pergere regionem et, dato precio, intraverunt navem, et prospero vento navigantes pervenerunt ad ecclesiam Sancti Iacobi (3).   10

Quam cum ingressus fuisset et cum magna reverentia ibidem XV diebus, orationibus et vigiliis intentus, perseverasset, fama sanctitatis eius per multorum miraculorum demonstrationem cepit longe lateque divulgari.

Secessit ergo inde, pervenit ad locum qui postea vocatus est 15 Podius Sancte Marię; in quo heremiticam vitam per trium annorum curricula devotissime duxit. Et ecclesiam ibi construens in honorem beatę Marię virginis (4) et aliorum multorum sanctorum, mirificis eam ornamentis decorare studuit et exaltare. Hoc audientes populi qui in circuitu loci illius morabantur gavisi 20 sunt gaudio magno valde et dixerunt : « Benedictus Dominus » Deus Israel, qui talem virum, tam sanctum, tam venerandum, » ad nos dirigere dignatus est, cuius predicationibus erudimur, » cuius mellifluis colloquiis pascimur et nutrimur. » Cucurritque ad eum omnis sexus, omnis ętas omnisque condicio. Tunc glo- 25 riosus vir Domini Amator omnibus ad se venientibus regnum Dei et vitam eternam predicabat sollicitus, et dicebat : « Viriliter agite, » et confortetur cor vestrum, omnes qui speratis in Domino. » Preterea vir sanctus, sicut bonus et fidelis dispensator, bonum habitaculum, in quo de cetero possent permanere qui predictam 30 ecclesiam decorarent officiis, sagaci providentia construi precepit (5). Hospitale quoque pauperum iussit ibidem fieri, in quo precepit pauperes | recipi et alimoniam illis abundanter subministrari. Tantam autem gratiam immensa Christi bonitas beato

f. 2.

---

(1) En marge on lit : *Recessit ab Iherusalem et venit ad S. Iacobum.* — (2) Acta : *Dominus noster... per angelum suum usque perduxit. Cumque iussu caelestis nuntii navem casu inventam ascenderent, praecepit eis angelus dicens...* ROBERT DE TORIGNY : *Assumpta piissima matre Domini ad ethereas mansiones, ipse Amator, premonitus ab ea...* — (3) Acta : *Navigio perveniente ad locum qui dicitur Paldagrava, in occiduis partibus...* ROBERT DE TORIGNY : *ad Gallias transfretavit.* — (4) BERNARD GUI : *Sanctus igitur Martialis in rupe Anicii, graece, quae nunc Podium Domine Nostre dicitur latine,... altare in honore ipsius Domine Nostre dedicans.* — (5) Acta : *in eremum prope Mauritaniam monasteria duo construxit.*

Amatori contulit, ut multa virtutum opera per eum exercerentur
et orationibus eius multa languentium membra incolumitati resti-
tuerentur. Erat enim divina eruditione repletus, religione insi-
gnis, morum probitate pollens, miraculorum exibitione mirabilis.
5 Erat contemptor mundi et amator Dei et proximi, et cui vivere
Christus erat et mori lucrum. Docebat unum Dominum in tribus
personis existere; carnem ex Maria virgine, causa salutis humanę,
sumpsisse; incrementisque corporalibus usque ad perfectam ęta-
tem pervenisse. Ortabatur ut virtutibus insisterent et ab omnibus
10 viciis et peccatis cessarent. Dicebat bonam esse castitatem coniu-
galem, meliorem continentiam vidualem, optimam et angelicę
dignitati consimilem integritatem virginalem. Et ut hęc predi-
catio (1) a nullo potuisset contempni, magnitudo miraculorum
cogebat, quę in Christi nomine faciebat. Reddebat enim, ut sepe
15 diximus, cecis visum, surdis auditum, claudis gressum, mutis
loquelam. Et, sicut superius diximus, tantus concursus populorum ob amorem sancti Amatoris locum illum frequentabat quod
sancti viri animus ad alium se transferre locum disposuit; et quod
mente concepit, per gratiam omnipotentis Dei ad effectum felici-
20 ter usque perduxit. Ideo locum mutabat, quia favorem mundanę
laudis non amabat: mutabat locum, ut melius posset ad Dominum
orationis impendere votum. Iterum per divinam revelationem
glorioso Amatori presbitero revelatum est ut inde recederet et
ad alium locum in quo liberius, orationibus et vigiliis intentus,
25 suum desiderium posset adimplere.

Venit ergo beatissimus Christi confessor Amator ad locum
solitarium et asperum, in quo etiam et aquarum penuria videbatur esse, hominum conversatio ab eodem loco valde remota (2).
Ibique ecclesiam in honorem beatę Marię virginis edificavit (3),
30 in qua reliquias quas secum habebat collocavit, de vestimentis
et ungulis et capillis prefatę genitricis, et consecrari precepit.
Subtullares vero cum cingulo predictę virginis ad ecclesiam
Santę Marię de Podio (4), quam primitus construxit, dimisit, et
ibi consecrari fecit et honorifice collocari.

(1) Acta : *patriam quoque illam illuminavit praedicationis verbo et sanctae conversationis exemplo. ... Informabat igitur populos confluentes in fide catholica, non
solum de propinquis partibus, sed etiam de remotis.* — (2) Acta : *Eremi petiit alterius
vastitatem, vallem scilicet quamdam altam, rupibus clausam, terribilem et incul-
tam... quam Dominus... per servi meritum ab omni rapacium genere ferarum
plene purgavit.* — (3) Acta : *Construxit sub praedictae rupis concavitate capellam,
parvam quidem situ et edificio pauperem, sed sanctorum reliquiarum pignoribus
divitem.* — (4) BERNARD GUI : *Sotularem ipsius ibi* (au Puy) *posuit, et alterum
posuit in Ruthena. De capillis vero eiusdem posuit partem in civitate Alverniae,*

In loco ergo ubi sanctus Amator parvam, ut diximus, ecclesiam construxerat, toto vitę suę tempore ardenti desiderio Deo et beatę Virgini iugiter suum obsequium devotus exhibuit. Ubi nemo prius venire consuevit propter loci asperitatem, ibi habitationes plurime constitutę sunt per sancti viri dilectionem et sanctitatem. 5 Concurrebant ad eum ex universis provinciis iuvenes cum virginibus, senes cum iunioribus, ut ab eo doctrinam reciperent (1). Eos intuens, sanctus Amator satis et ultra super hiis est admiratus : « Ego vos, » inquit, « fugi, et vos me sequimini; sic enim » estis me secuturi ad gloriam Paradisi. » Qui, ut vocem eius 10 cognoverunt, cadentes in terram adorantes dixerunt : « Domine » pater, tuam doctrinam audire desideramus; a te nunquam » discedere volumus. Vias tuas, Domine, ostende nobis. » Ad hęc quidem verba sanctus Amator respondit et dixit eis : « Timete » Dominum, omnes sancti eius, quoniam non est inopia timen- 15 » tibus eum. Itaque, filii, audite me; timorem Domini docebo » vos. » Post salutaria verba mellifluę predicationis, benedixit eis dicens : « Omnipotens Dominus sua vos gratia benedicat et » sensum in vobis sapientię salutaris infundat. Amen » (2).

Mansit itaque sanctus vir Amator in prenominato loco annis 20 decem, semper in Dei laudibus perseverans, et postea placuit Altissimo ut Christi fidelis amator vitam suam finiret in terris, quatenus sine fine cum sanctis omnibus viveret in celis. Veneremur beati viri corpus propter eum | qui dilexit illum; cuius precibus et meritis confidimus adiuvari, procurante domino 25 nostro Iesu Christo, qui cum Patre et Spiritu sancto vivit et regnat in secula seculorum. Amen.

f. 2ᵛ.

quae nunc dicitur Clarus mons, et partem aliam in Mimate (Flores chronicorum). Multas reliquias secum tulit in Aquitaniam ; in rupe autem Anicii, quae nunc Podium Dominae Nostrae dicitur, sotularem ipsius ibidem posuit, et alterum in Rutena, de capillis vero...., d'après le texte que Bonaventure de Saint-Amable dit emprunté par Savaron à une vieille chronique. Le texte de Bernard Gui dans son Traité sur les saints du Limousin est identique au premier. — (1) Acta : Illius patriae populi ad eum... in suis necessitatibus confluebant, orationem eius et suffragia lacrymosis suspiriis fideliter implorantes. ... Informabat igitur populos confluentes in fide catholica non solum de propinquis partibus, sed etiam de remotis. — (2) Vie de S. Léonard, ch 12 : Cum uxoribus et filiis pervenerunt usque ad sancti viri habitationem. Quos intuens sanctus Leonardus satis et ultra super his est admiratus : « Ego, inquit, vos fugi, et vos me sequimini. Sic enim estis me secuturi « ad gloriam Paradisi. » Qui ut vocem eius cognoverunt, cadentes in terram adorantes dixerunt : « Domine pater, tui sumus, a te, si placet, nunquam discedere » volumus. Vias tuas nobis ostende et semitas tuas nos edoce. » Ad haec quidem verba sanctus Leonardus respondit : « ..... Timete ergo Dominum et sanctos eius, » quoniam non est inopia timentibus eum... Itaque, filii, audite me, timorem Domini » docebo vos... » Ch. 13 : Igitur post salutaria verba mellifluae praedicationis...

Incipiunt miracula post obitum beati Amatoris presbiteri et confessoris.

Post transitum beati Amatoris, per miracula quę per eum Deus operabatur locus ille asperrimus, qui postea vocatus est Sancta
5 Maria de Rocca Amadore (1), cotidie, populis advenientibus, augebatur, eratque maior habitantium numerus, quia libenter illuc confluebat clerus et populus. Evolutis itaque non paucis diebus, revelatum est per visionem angelicam clericis ecclesie eius quatenus pretiosum corpus sancti Amatoris de loco in
10 quo prius erat elevarent et in alium cum magna veneratione transferrent. Fecerunt ergo triduanum ieiunium, et omnes in vigiliis perdurantes et orationibus insistentes venerunt ad locum in quo preciosus Christi requiescebat thesaurus, et cum magna devotione cum ymnis et psalmis et canticis spiritualibus eleva-
15 verunt eum (2) de loco ubi per longum tempus Christi manebat thesaurus absconditus (3).

Interea ceperunt fieri miracula (4), que Deus per merita suę genitricis virginis et beati Amatoris confessoris Christi cotidie operabatur. Et factus est ibi concursus populorum ex diversis
20 regionibus venientium, et omnes erant laudantes et benedicentes Dominum de tam mirifico thesauro reperto. Offerebant ergo super beatissimum corpus luminaria et oblationes multas. Et omnes uno ore clamabant dicentes : « O beata mater Christi, miserere nobis. » Longum est narrare per singula quot et quanta
25 miracula Deus per beatum Amatorem iugiter in eodem loco faciebat. Ibi ceci illuminati sunt, leprosi mundati, demones effugati, paralitici curati; ibi claudi gressum et muti loquelam recuperaverunt; ibi omnes languentes a quaque detinebantur

---

(1) BERNARD GUI : *Sanctus vero Amator in rupe quae modo Amatoris vocatur, solitariam vitam egit (Flores chronicorum). In rupe quae nunc ab ipso Rupes Amatoris vocatur, diu permansit* (Saints du diocèse de Limoges : LABBE, *Nov. Bibl.*, t. I, p. 630). — (2) Miracles de S. Léonard, ch. 1 : *Praeterea post transitum sancti Leonardi, per miracula quae Deus per eum operabatur, pagus ille Nobiliacus diatim populis adventantibus augmentabatur, fiebatque maior habitantium numerus, quia crescebat clerus et populus. Evolutis itaque non paucis diebus, revelatum est per somnium clericis ecclesiae eius quatinus aliam basilicam fabricassent et celeberrimum corpus in ea translatum collocassent. At illi referentes haec populo praeceperunt ieiunium triduo, omnesque pariter ieiunantes et in vigiliis perdurantes ... ad ... basilicam cum hymnis et canticis transtulerunt eum.* — (3) ROBERT DE TORIGNY : *Effossa itaque terra, corpus beati Amatoris integrum reperitur et in ecclesia iuxta altare positum illud... peregrinis ostendunt.* — (4) ROBERT DE TORIGNY : *Et ibi fiunt miracula multa et antea inaudita per beatam Mariam.*

infirmitate per virtutem omnipotentis Dei et beati Amatoris intercessione curati sunt.

Consilium acceperunt clerici eiusdem loci aliam ecclesiam edificare in honore beati Amatoris et beati Ioannis Baptistę et aliorum sanctorum; quam diligenter edificaverunt et usque ad 5 finem inceptum opus perducere curaverunt. Concursus enim populorum tantus erat in ecclesia beatę virginis Marię quod clerici non poterant debitę laudis officia per singula horarum spatia persolvere competenter. Venerunt ergo clerici et cum multa psalmodia, cum canticis spiritualibus, beatissimum corpus 10 elevaverunt de ecclesia beatę Marię et perduxerunt illud in ecclesia sua, ad cuius laudem et honorem edificata fuerat et constructa; ibique, sicut cernitur cotidie ab hominibus, positum est et collocatum. In quo loco multi per eum mundantur a spiritibus immundis et variis infirmitatibus liberantur, ad laudem et glo- 15 riam Dei, Patris et Filii et Spiritus sancti, qui vivit et regnat nunc et semper et in secula seculorum. Amen.

Incipit primum miraculum.

Interea quedam illustris femina de civitate Ruduensi (1) valde a demonio vexabatur. Quę, cum multa sanctorum loca quesi- 20 visset, nullam meruit sanitatem, scilicet Deo non permittente, ut merita sancti sui Amatoris ostenderet. Tandem audientes parentes eius quod vir Domini Amator multos a tali hoste sanaret, affectu paterno commoti, ferreis eam nexibus constringentes, ad ecclesiam eius adduxerunt. | Qui venientes ceperunt cum gemitu 25 clamare et dicere: « O sancte et gloriose confessor Christi Amator, » magno tui nominis amore deducti cum magna fiducia veni- » mus ad tuam clementiam; succurre, subveni miserię nostrę et » tribulationi. Iam cognovimus tuam virtutem per multorum » fidelium salutem. Propterea festinavimus venire ad tuum 30 » corpus. Sentiamus ergo et nos omnes dulcedinem consolationis » tuę, ut, leti effecti de salute merentis, semper benedicamus » nomen Domini Iesu Christi, qui te ad tam gloriosa miracula » facienda glorificare dignatus est. » Talia cum lacrimis dum peterent, ecce apparuit in sequenti nocte prefatę mulieri, quam 35 spiritus malignus torquebat, sanctissimus Amator, et ait : « Audivit Dominus gemitum parentum tuorum, viditque lacri- » mas eorum. Idcirco misertus est tui; nam crastina die ad

____

(1) Rodez (Aveyron).

» propria sana et ylaris reverteris. Tantum cave et esto sollicita
» in observantia mandatorum Dei, ne consentias peccato et
» iniquitatibus seculi, ne tibi deterius aliquid contingat. »
Evigilans autem a sompno, humilis et leta surrexit; nihil mali
5 aut inepti, sicut prius, loquebatur. Talem cum illam parentes
eius conspicerent, ceperunt illam interrogare quomodo ea vali-
ditate se haberet. Quę cum omnia per ordinem. sicut audierat,
referret, de tristitia in gaudium conversi glorificabant Dominum
et dicebant : « Benedictum sit nomen tuum, Deus, in secula, qui
10 » semper misericordiam facere consuevisti, et post lacrimas et
» fletum gaudium et exultationem infundis. Ecce quod deside-
» ravimus invenimus, quod postulavimus, intercedente beato
» Amatore confessore tuo, percepimus, quoniam expulisti a
» nobis inimicum persequentem [per¹] nos. » Et hęc dicentes,
15 nimium confisi de sancti promissione, videlicet quod perfecte
sana esset, ad propria sunt reversi, gaudentes et exultantes et
gloriam Domini annuntiantes.

2. Aliud quoque miraculum annuntiare volumus. Erat quidam
vir nobilis, nomine Guilielmus, de partibus Saxonicis oriundus,
20 qui vehementer a demonio vexabatur, adeo ut nemo ei propius
auderet accedere. Nam semetipsum continuo horribiliter dentibus
laniabat. Fremebat enim cotidie, et spumans vociferabat, et
torvo aspectu aspicientes sequebatur. Hunc denique famuli sui,
cum retinere nullo modo iam valerent, manus pedesque illius
25 ferreis nexibus ligaverunt; et nimium creduli de meritis beatę
Marię virginis et beati Amatoris sacerdotis, ad eius ecclesiam perduxerunt eum. Cumque illic iaceret, venit dominici diei festivitas
et, cum missarum officia perficerentur, magnis cepit vocibus
clamare, dicens : « O sancte Dei Amator, succurre mihi misero
30 » et citius subvenire festina. » Moti autem his clamoribus sacerdotes loci illius venerunt et interrogaverunt eum quare ita eos
vociferando clamaret. « Territus, » ait, « nimio pavore, vos
» advenire desideravi. Video etenim ante fores huius ecclesię cru-
» delissimum serpentem, qui aperto ore me deglutire inhianter
35 » conatur. » Cum cognovissent autem sacerdotes ad tremorem
et pallorem vultus illius quod hoc non insana mente proferret, ut
solitus erat, set veraciter transformationem diaboli cerneret, pro
eo Dominum Iesum Christum suppliciter rogare ceperunt. Illis
autem orantibus, obdormivit. Qui dum post modicum experge-
40 factus interrogaretur | si adversę partis adhuc aliquid videret :
« Deo gratias, » ait, « ante vestras orationes stare draco non

f. 3ᵛ.

» potuit. Nunc cognosco, nunc video quanta sit misericordia
» omnipotentis Dei et beatę Marię virginis, et beati Amatoris
» sacerdotis, quia liberatus sum. Benedictus Dominus, qui non
» amovit deprecationes vestras et misericordiam suam a me. »
Sic itaque iste a potestate diabolicę fraudis ereptus[8] per merita 5
beatę Marię virginis et beati Amatoris confessoris, magnam
videntibus et gaudentibus devotionem[9] et mirabilia quę per eum
Dominus dignatus est facere, cui est honor et gloria in secula
seculorum. Amen.

3. Aliud quoque miraculum significare volumus. Erat enim 10
quidam amisso lumine cecus, nomine Brondysius, qui cotidie
multorum corpora sanctorum querebat, ut eorum meritis lumen
recipere mereretur. Contigit ergo ad beati Amatoris corpus gloriosum illum cecum venire, et flexis genibus et lacrimabili vultu
eius suffragium postulare. Qui cecus nimio sopore detentus 15
paululum obdormivit. Apparuit illi ergo vir sanctus in somnis et
blandis sermonibus eum alloquitur, dicens : « Surge velociter,
» quia lumen quod perdideras per intercessionem beatę Marię
» virginis et nostram deprecationem tibi restitutum est. » Exper-
gefactus est a somno, et continuo vidit, et dedit gloriam Deo et 20
beatę Marię et sancto Amatori presbytero, ad laudem domini
nostri Iesu Christi, etc.

4. Aliud miraculum, quod in Sancta Maria de Roca Amadore
a Domino per beatum Amatorem constat operatum. Erat vir
quidam nobilissimus, de civitate Burdegalensi ortus, qui elefancię 25
morbo adeo pergravatus erat quod nec loqui poterat, nec flatum
nisi cum magna difficultate trahere. Audiens igitur vir iste multa
miracula quę Dominus per merita beatę Marię virginis et beati
Amatoris confessoris in eo loco in quo corpus eius requiescebat[10],
illuc peragrare disposuit. Credebat enim se predicti confessoris 30
precibus ab imminentis egritudinis peste posse salvari. Per
manus igitur servorum suorum super equum retentus venit ad
locum ubi requiescebat preciosum corpus. Ibi tribus diebus toti-
demque noctibus permanens, nec oculi eius a fletu, nec labia
eius ab oratione cessaverunt. Sed Dominus omnipotens, qui 35
semper prope est invocantibus eum in veritate et salvos facit
sperantes in se, celeri pietate misertus est hominis istius, et sic
per interventum beati Amatoris ab infirmitate qua tenebatur,
liberavit eum, ut infirmitatum indicia in ipso relinquerentur
nulla.
    40

— [8] *ms.* erettus. — [9] *passage lacuneux.* — [10] *suppléer* operabatur *ou* patrabat.

5. Quidam autem (1) vicecomes de Miliano (2), qui in eadem
civitate super populum plenum habebat dominium, ad terrorem
et delinquentium penam fieri precepit magnam cathenam. Erat
enim valde longa et nimię gravitatis, in qua denique quicumque
5 mitteretur sicut feralis bestia per collum vinciebatur, sustinens
omnem penuriam et frigus et pluviam. Plerumque etiam in
estivo tempore exurebatur solis ardore, in hieme autem congelabatur glacie et nivibus, magnis etiam ventorumque flaminibus;
nec sic ligatus unam mortem patiebatur, set mille mortibus ange-
10 batur. Timebant ergo colligari in illa cathena quicumque morabantur in vicinia. Accidit preterea ut quidam famulus sancti
Amatoris innoxius colligaretur in ea. Interea dum ipse miser ex
nimia gravitate cathenę collo atteritur, in ipso articulo mortis
vix tenues efflaret anelitus, recordatus est sancti Amatoris domini
15 sui : cepit dicere intra se murmuratione suspirii : « O sancte Ama-
» tor, qui te invocantibus subvenis, miserere mei. Succurrat
» mihi, queso, dulcedo tuę pietatis, antequam a me fugiat spiritus

(1) Miracles de S. Léonard, ch. 2 : *Quidam autem vicecomes Lemovicensium, qui
in eadem civitate super populum more principis legale habebat districtum, ad terrorem et delinquentium poenam fieri iusserat immanissimam cathenam. Erat enim
longissima et gravissimi ponderis... In qua denique quicumque ponebatur velut
feralis belua* (al. *bestia*) *per collum vinciebatur sustinens omnem penuriam et frigus
et pluviam; plerumque etiam in aestivo tempore exurebatur solis ardore, in hieme
autem congelabatur glacie et nivibus pruinis quoque ventorumque flaminibus. Neque
enim taliter vinculatus unam mortem patiebatur, set, ut more rustico loquar, mille
mortibus angebatur... Timebant ergo colligari ex illa quicumque morabantur in
vicinia ... Accidit praeterea ut quidam servus sancti Leonardi innoxius colligaretur
in ea. Interea dum ipse miser ex scabra rubigine ferri collo attritus in ipso articulo
mortis vix tenues efflaret anhelitus, recordatus est sancti Leonardi domini sui et
coepit intra se dicere murmuratione suspirii... « Sancte Leonarde, qui extraneis
» te invocantibus subvenis ... succurrat mihi, quaeso, dulcedo tuae pietatis, antequam
» a me fugiat spiritus vitalis. » Statimque sanctus Leonardus affuit eique in candi-
dissima veste apparuit : « ..... Surge itaque sanus et accipe mauram* (plus haut :
» *ipsa videlicet cathena maura nuncupabatur*) *inimicam tuam et baiula eam ad
» ecclesiam meam. Nemo enim deinceps in ea concathenabitur, sed quod ex ea te
» exemerim, pro testimonio ante mausoleum meum dependens omnibus demonstra-
» bitur. » Et adiecit : « Sequere me, quia ego ero tibi praevius, deferque cathenam.
» Neque enim senties onus eius. » Qui consurgens secutus est sanctum Leonardum,
sicut ab eo sibi fuerat imperatum. Mox autem ut ante fores ecclesiae beati viri se tam
velociter adductum vidit, protinus eum sanctus Leonardus dimisit. Ipse vero intrans
ecclesiam, coram clericis et cuncto populo ante sanctum altare praesentavit cathenam et quidquid sanctus Leonardus fecerat omnibus suis verbis ostendebat. Tunc
omnes qui aderant gratias agendo Iesu Christo domino nostro reddebant honorem,
qui talibus et tantis mirabilibus clarificare dignatur suum confessorem. Audientes
igitur hoc Lemovicensium cives omnesque circumcirca provinciales, facto agmine,
conveniebant et in votis ac muneribus omnipotenti Deo fidelique suo Leonardo
laudes devotissimas exhibebant.* — (2) Milhau, diocèse de Rodez.

f. 4. » vitalis. » Statimque sanctus Amator affuit | eique in albis vesti-
bus apparuit, dicens : « Surge sanus, fili, et accipe cathenam
» inimicam tuam et baiula eam ad ecclesiam meam. Nemo enim
» de cetero ea concathenabitur, set quia ex ea te exemerim, pro
» testimonio ante sepulcrum meum dependens omnibus demon- 5
» strabitur. » Et dixit : « Sequere me, quia ero tibi previus,
» deferque cathenam, neque enim senties honus eius. » Qui
consurgens secutus est beatissimum Amatorem, sicut ab eo fuerat
sibi imperatum. Mox autem ut ante fores ecclesię bcatę Marię et
beati Amatoris presbiteri et confessoris tam velociter adductum 10
vidit, protinus eum sanctus Amator dimisit. Ipse vero, intrans
ecclesiam, coram clericis et cuncto populo ante sanctum altare
presentavit cathenam, et quidquid sanctus Amator fecerat omnibus suis verbis ostendebat. Tunc omnes qui aderant, gratias
agentes, Iesu Christo domino nostro reddebant honorem, qui 15
talibus et tantis mirabilibus clarificare dignatur suum confessorem. Audientes igitur hoc omnis populus omnesque circumcirca
provinciales, facto agmine, conveniebant in votis ac muneribus,
omnipotenti Deo fidelique suo Amatori laudes devotissimas exhibebant. 20

6. Aliud quoque miraculum valde laudabile longaque recor-
datione dignum vobis annuntiandum arbitramur esse necessa-
rium. Contigit ergo quadam die quod viri timorati et limina
sanctorum frequentare soliti a Sancto Iacobo reverterentur ;
disposuerunt Sanctam Mariam de Roca Amatoris se visitaturos. 25
Cumque iter aggressi fuissent, invenerunt locum ubi solito more
fecerunt fieri prandium et dederunt hospiti carnes ad coquen-
dum. Quę, instigante diabolo, meliorem partem furata est eis.
Cumque ad mensam positi fuissent, ceperunt quivis verecun-
danter portionem quę illis ablata fuerat repetere. Hospita cepit 30
negare et dicere se nunquam eam vidisse nec habuisse. Illi autem
dicebant hospiti : « Redde quod debes. » Illa contradicebat et
iureiurando negabat se non habere quod sibi ab eis exigebatur.
Tandem placuit Domino Iesu Christo revelare tantum facinus
per dilectionem dilectissimi sui confessoris Amatoris, et, ad ter- 35
rorem malorum, vocem et loquelam carni quę erat in archa
hospitis dedit, et locuta est dicens : « Ecce me, quam queritis ;
» violenter sum in archa recondita et furtim sublata. » Obstu-
puerunt omnes pariter, tam hospita quam peregrini, et, immensas
gratias Christo reddentes, acceperunt carnem quę locuta fuerat. 40
In ecclesia beati Amatoris eam suspenderunt, ut esset ibi in
testimonium tanti miraculi quod Dominus Iesus Christus per
dilectam suam genitricem et meritis sui confessoris Amatoris

operari dignatus est, Cui est honor et gloria in secula seculorum.
Amen.

7. Aliud quoque miraculum in medium proferamus, quod non
est silentio pretereundum. Quedam nobilis femina, de civitate
5 Melliana (1) orta, venit ad Sanctum Amatorem, et in oblationem
curtinam suam offerre Deo et beate Marie et beato Amatori
cupiens, posuit eam in predicta ecclesia, et cepit superbe fundere
preces et dixit : « O beata Maria et beate Amator, bonum vobis
» munus obtuli, bonam debetis mihi impendere mercedem. »
10 Que verba quasi cum improperio stulte proferebat. Cumque talia
mulier fatua diceret a loco discessit et recessit. Nondum erat
mulier separata a predicto loco duobus stadiis quod ipsa retro
respexit et vidit suam curtinam, quam | se dedisse in oblationem
ecclesie predicte credebat. Tunc autem nimia verecundia dicta
15 mulier cepit anxie cogitare intra semetipsam et dicere : « Quid
» faciam? me miseram! Cerno quod non est a Deo acceptabilis
» oblatio mea, quia cum improperio feci eam. » Accepit ergo
mulier iterum, et eam ad ecclesiam cum festinatione reducere
curavit. Set Deus omnipotens, qui non munera set cordis affectum
20 considerat, non concessit neque voluit quod mulier amplius
offerret eam sive mitteret in ecclesiam, eo quod cum improperio
obtulisset eam. Ad testimonium ergo tanti miraculi ante fores
ecclesie suspendi fecit eam mulier, cunctis eam videntibus qui
locum frequentant et ecclesiam adeunt, ad gloriam domini nostri
25 Iesu Christi, qui est benedictus in secula seculorum. Amen.

8. Audite, fratres, miraculum quod dominus noster Iesus
Christus per merita gloriose virginis matris sue et gloriosissimi
Amatoris et sacerdotis Christi operari dignatus est in Astensi
civitate. Quidam miles erat, quem inimicorum timor circum-
30 dederat, eo quod in magna guerra positus esse videbatur. Accepit
consilium in mente sua qualiter posset securus incedere ad
pugnam. Elegit ergo sibi in tutorem et defensorem beatum Amatorem et ei se voto multis verborum circumstantiis obligavit.
Paucis itaque evolutis diebus, perrexit prefatus miles ad pugnam.
35 Cuius in corpore gravissimum volantis sagitte[11] vulnus apparuit,
Exterritus autem miles et de tanto vulneris dolore tremefactus
agebat, dicens : « O sancte Amator, confessor Christi, cui me
» devotissime commendavi, miserere mei et ab ista plaga corpus
» meum libera, quia valde mori timeo. » Perrexit itaque cum
40 magna festinatione vulneratus miles ad ecclesiam beati Amatoris,

— [11] *ms*. sagipte.

(1) Je pense qu'il s'agit encore de Milhau.

f. 4ᵛ.

et altis vocibus, ut sibi misereretur, clamare cepit. Videntes eum
populi qui in ecclesia erant, ad pietatem commoti sunt et cum
milite vulnerato ceperunt pariter orare, ut Deus omnipotens per
interventum sui confessoris Amatoris dignetur illum liberare.
Mox, omnibus qui aderant videntibus, sagitta de corpore eius 5
prosilivit, et, per misericordiam illius qui salvat omnes sperantes
in se, predictus miles a dolore vulneris liberatus est. Promisit'
igitur miles et coram amicis se voto obligavit quod, dum vive-
ret, annuatim ad ecclesiam cum oblatione veniret, et scriptum in
eodem loco fidelitatis obsequium exhiberet. Sagitta vero in 10
testimonium tanti miraculi suspensa est in ecclesia ad laudem
Domini nostri etc.

9. Mulier sitiens [12] nocte, accepto vase ut biberet, ausit cum
aqua serpentem modicum, et nutritus est in ventre eius, et crevit
in tantum quod iam non poterat se movere. Et videbatur facies 15
eius viridis quasi viridis erba, et multi medici venientes ad eam
non potuerunt eam sanare. Tunc adducunt eam ad beatum
Amatorem et dixerunt ei : « Sancte Amator Christi, salva et
» libera istam mulierem, quia nos liberare eam non valemus. »
Et ille dixit eis : « Mittite in os eius de aqua ista, quam benedixi, 20
» et videbitis mirabilia Domini. » Tunc illi fecerunt quod imperatum sibi fuerat a sancto Amatore et miserunt aquam in os
mulieris. Timuit ergo serpens aquam benedictam, et statim
egressus est de ventre mulieris, et veniens ante ecclesiam posuit
caput inter medium cancelli, et crepuit. Et omnes videntes glori- 25
ficaverunt Dominum et sanctum Amatorem, quia serpens bene-
dictionem noluit accipere et sic finivit [13]. Mulier vero simili modo
cepit laudare et glorificare potentissimum regem celi et terrę, qui
tantam | gratiam concessit servo suo Amatori, quia eam libe-
rasset a serpente et ab omni egritudine quam contraxerat ab eo. 30
Hęc et alia multa mirabilia facit Dominus per dilectum suum
Amatorem confessorem. Sit illi honor et potestas per infinita
secula seculorum. Amen.

· **10.** Quedam paralitica, annis puella adulta, non merito, sine
vitę vivebat officiis. Cuius in funus extincti corporis tantum 35
superstes anima palpitabat, et in toto cadavere lumina quasi
vigilantes oculi custodiebant. Non lingua torpens intra palati
cameram volubilis excurrebat, nec in modicum ducta de pectore
vox collata poterat per verba disponere ; non manus, cum soluta
languesceret, nature debita servitia dissolvebat ; neque pes insta- 40
bilis membrorum ruitura sustentabat ; adhuc totius corporis in

_f. 5._

— [12] *ms.* quociens. — [13] *ms.* finiri.

fabricata massa torpebat. Quę, in festivitate sancti Amatoris, in
ecclesia eius posita, cum ingenti favore expectantibus cunctis
est erecta, in unius corpore miracula plura complevit. Attenuata
gravia vestigia laboravit[14], linguam arentem flexibilitate et faci-
5 litate vocis aptavit; ad usum assueti quondam laboris palmas
armavit; liniamenta viscerum gratia pii muneris animavit.
Aliquando vetus infans in verba prorupit et, quod conspicuum
est, voce prima lactis alimenta quesivit. Ergo ut tales oculos[15]
ante omnia posceret, quid aliud datur intelligi nisi, cum sanata
10 est, tunc credidisse se nasci? Mulier vero liberata gratias retulit
Deo et beato Amatori et ad propria reverti festinavit. Sit honor
Omnipotenti per infinita secula seculorum. Amen.

11. Audite, fratres, miraculum quod Dominus per beatum
Amatorem in Emiliana (1) civitate operari dignatus est. Erat ibi
15 quedam mulier habens unicum filium qui graviter vexabatur a
demonio correptus. Miraculorum vero fama iam erat divulgata
quę per eum faciebat Dominus. Surrexit ergo mulier cum filio
suo et festinanter ad ecclesiam beatę Marię et beati Amatoris
ire properavit. Cumque iam prope ecclesiam ubi Christi con-
20 fessoris corpus requiescebat[16], cepit demon acrius vexare et per
os pueri clamare et dicere : « O sancte Amator, quare meum
» locum auferre conaris? » Et non poterant illum decem homines
retinere. Tandem pervenerunt ad locum, et ingressi ecclesiam
protinus ceciderunt in terra, et suffragium beatę Marię et beati
25 Amatoris postulaverunt. Puer autem quasi mortuus iacebat in
terra, cum subito spumas emitteret, et cum spuma ille malignus
prosilivit et evanuit. Glorificaverunt ergo omnes qui aderant
Deum et beatam Mariam eius genitricem et beatum Amatorem,
pro cuius amore innumera cotidie miracula operatur. Mulier
30 autem reversa est ad domum suam, cum filio suo liberato, et
gratias referre cupiens Deo et sancto Amatori pallium, quo
decenter posset coperiri altare, per nuncios proprios ad predictum
locum mittere curavit. Qui venientes pallium obtulerunt et laudes
illi dederunt, qui est benedictus in secula seculorum. Amen.

35 **12.** | Insuper est de miraculis adhuc beati Amatoris pandere
secretum et non debet audientibus esse molestum, quando per
miracula sanctorum renovatur ecclesię festum. Quedam mulier
orbata lumine fuit de partibus Tuscię, de castro <cui[17]> voca-
bulum est Pratum, inter Pistorium et Florentiam civitates terra

f. 5ᵛ.

— [14] *lire* roboravit? — [15] cibos? — [16] *suppléer* venisset *ou* pervenisset. — [17] *supplét.*

(1) Autre forme latine pour dire : la ville de Milhau. On disait également
Amiliana. On a vu plus haut : *Miliano* et *Melliana.*

posita et collocata. Que, cum multo tempore ceca fuisset et omnia
bona sua fere in medicis expendisset, lucem quam perdiderat
nullatenus habere valebat. Audiens ergo miracula que per sancti
Amatoris cotidie faciebat merita, mulier prefata disposuit ad
ecclesiam sancti viri proficisci cum puero qui eam ducebat. Iter 5
arripuit in nomine Iesu Christi. Tandem fatigatis eius artubus et
venis, ad ecclesiam confessoris porrectura sibi preces pro amis-
sione luminis advenit. Quam cum intrasset et lacrimis suffusa
Dominum orasset, celeste presensit beneficium et lumen recepit
oculorum et glorificare cepit Regem omnium seculorum. Reversa 10
est ergo mulier ad propria cum leticia et clara voce laudabat
Christi magnalia, qui semper solitus est per sanctos suos facere
miracula, cui sit honor et potestas per infinita secula seculorum.
Amen.

Expliciunt miracula sancti Amatoris presbiteri 15
et confessoris.

Nota che l'anno 1518, essendo nostro padre confessore il R^{do} padre
frate Silvestro da monte Karllo, vennerio al Lucha tre fratri della
Osservanzia di Santo Franciesco, et erano Ispagniuoli, e il ditto frate
Silvestro li diè loro questo piccolo quinterno, preghandoli chello 20
legesserio e che sapesserio dire se di questo S. Amadore se ne fa lo
officio in lor paese, e ancora se sapevano dove è il suo corpo e se è
calonizato, perche li frati aveano stimolo a dire la sua missa, non
essendo certi della calonizasione. E quando li ditti frati ebberio letto
la santa leggenda, molto si allegrarono e disserio di certo lui essere 25
calonizato, e che in Ispania se ne fa grande | sollenità, e più disserio li
ditti tre fratri che in Ispangnia usano dire per lanime dei morti le
messe di S. Amadore sichome in Italia si dichono le messe di
S. Greghorio.

  Hec onja afyrmavano   30
    fratres : JUAN DE JAEN
     fray P^o DE MONMOLIN
     fray ALONSO DE FUENTE DE CANTAS.

Questi frati soprascritti di loro mano (1) disserio e scrisserio essere
stati nella chiesa e nello hospitale di S. Maria a la Roccha Amadore in 35
parochia de Portugallo, in civitate Portuensi cioè; è la chiesa nel
porto di Portugallo discosto da S. Jacopo a 30 leghe o circha.

(1) Ceci est écrit d'une autre main dans le ms.

Item disserio essere un alia chiesa de Santa Maria a la Rocha Amadore piccola, dove morì Santo Amadore, credo 5 leghe appresso a Villacerge ditto Villanova de Valcarota.

Item che si dice la messe d'un confessore semplice, etc.

5 | Da sapere che l'anno 1526, a dì 3 marso, ci venne il R^{do} ministro generale della obsservantia di S. Francisco, il quale si domanda fratre Francisco delli Angeli, et è Spagniuolo et è cugino dello Imperadore Karolo (1); et entrò in del nostro monasterio con 5 fratri de' nostri, Livornii, delli quali sono questi cioè : il R^{do} padre ministro della pro-
10 vincia nostra, il quale si domanda frate Bernardino da Siena; e frate Antonio da Diecimo, nostro confessore; e frate Francisco da Picilla; e frate Lo^{so} Menochi; e frate Franc^o da Chastelnuovo.

Il R^{do} generale disse la messa sù in della nostra chiesa, e dopoi tenne bello et devoto chapitolo. E la nostra madre abbadessa li diè in
15 mano questo presente quinterno, preghandolo che li fusse di piacere leggerlo. Il quale benigniamente achonsentì e lesse il principio e la fine, e dapoi ghuardò e lesse la fede che fecierio e scrisserio li preditti tre frati spagniuoli, come è missa in della facciata que dinansi. E lo preditto Reverendo vicario generale confermò il testimonio delli
20 preditti tre frati e disse quello che disserio quelli fratti : « Anno ditto » il vero, et sono ancora vivi, e io li chongniosco. » E domandò la madre abbadessa se noi ne faciammo l'officio e se li nostri fratri dichano la messa. Et avendo inteso come, dapoi che le monache inchomiciono ad abitare in questo monasterio, sempre ne abiamo fatto
25 l'officio, e cosie abiamo fatto dire le messe a frati, concio sia cosa che, prima che in questo sito si faciesse abitazione per monache, ci stavano tre suore de terzo hordine di S. Francisco, e facievano hofficiare la nostra chiesa alli frati conventuali di S. Francisco, per che allora il convento di S. Petro abitavano li conventuali, li quali veni-
30 vano parati a messa, con diaconi e sodiachoni et altri frati, per la festa di S. Amadore e cantavano la messa sollenne con più messe piane, e più che la madre abbadessa disse : | « Reverendo Padre » ministro, questi nostri padri anno stimolo di dire le messe, perche » dicono che in Italia non se ne fa officio, per tanto vi sarà di piacere
35 » in presensia vostra e loro dichiararci di tal dubio »; e lui si voltò alli

f. 6^v

f. 7.

---

(1) Francisco de Quiñonez, de la famille de Luna, né à Léon en 1485, mort à Verceil en 1540, fait général de l'ordre de S. François en 1522 (chapitre de Burgos), fut fait cardinal en 1528 par Clément VII. Il a composé divers ouvrages, dont un *breviarium romanum* souvent réimprimé (WADDING, *Scriptores ordinis Minorum*, p. 90-91; SBARALEA, *Supplementum ad Scriptores*, p. 280; *Diccionario enciclopedico hispano-americano*, t. XVI, Barcelone, 1895). L'auteur du bréviaire de Sainte-Croix (voir S. BAEUMER, *Histoire du Bréviaire*, trad. BIRON, t. II, p. 125 sqq.) était plus apte que personne à régler cette affaire de l'office de S. Amadour.

ditti 5 fratri e stendendo il brachio inverso di loro, disse : « Voi,
» fratri, direte la messa e le monache diranno l'officio. Io vi doe licen-
» sia et ve la posso dare, avendo voi cosie dengni reliquia, e avendo
» io inteso che sempre se n'è fatto grande sollennità in della vostra
» chiesa. Non ne abbiate nessuno scrupolo. »   5

Et dapoi che il ditto reverendo generale fù fatto cardinale (1),
succedette alluì in dello officio del generalato il reverendo padre frate
Paulo di Palma; il qual fù elletto in del capitolo generale che si fecce
a Palma l'anno 1529 del mese di maggio; al quale capitolo trovandosi
il nostro rev^{do} padre confessore, il quale si domanda frate Giovanni 10
Vascone, prese nuovamente licensia dal Rev^{do} ministro generale, cioè
da frate Paulo da Palma di potere celebrare la messa di S. Amadore, è
lui rispuese che tutta la licensia che aveva hottenuta dal suo ante-
cessore intendeva di chonfermare e cosie la chonfermoe.

Ancora il ditto rev^{do} padre frate Giovanni Vasçone trovoe al ditto 15
Capitolo il ministro della provincia di S. Jacopo, et intese da lui come
in suo paese si usano dire per lanime delli defunti le messe di S. Amadore, sicome in Italia si dicono le messe di S. Greghorio, et che il
corpo di S. Amadore è in Santa Maria de Rocha Amatore 5 leghe
presso a Villacese, che ora si chiama Villanuova da Valgaretto.   20

E questo ci basti.

(1) Il fut d'abord cardinal du titre de Sainte-Croix, puis cardinal-évêque de
Palestrina (1540).

APPENDICE

I. Jorge CARDOSO. *Agiológio Lusitano.*
(Lisboa 1657), tomo II, p. 321.
Março 27.   25

Em Mon-santo, villa nos confins do Bispado da Guarda, o natal do
glorioso Santo-Amador, ermitáo que foi da antiquissima ermida de Saõ-
Pedro de Vir-a-Corça, na qual viveo muitos annos, divertido total-
mente das cousas do mundo, empregado todo em louvores divinos por
meio da oraçáo, quotidiano pasto cõ que se recreava sua alma.   30

Saindo elle certo dia sobre a tarde, d'este santo exercicio, olhando
para a fermosura do Ceo, vio a festa grande com que os demonios
levaváo pelos ares hũa creança.

Enternecido o Sancto velho, cõ o peito por terra, pedio a Deos se
lembrasse da sua innocencia não permittindo se pérdesse aquilla 35
alma, feita á sua imagem & semelhança.

Foi sua breve oração de tanta efficacia, que a largaráo os demonios,
& caio a seos pés o infante. Fomando-o logo nos braços o offereceo
sobre o altar do santo Apostolo, rendendo ao Omnipotente as graças
de tam soberano benificio. O qual (como Pai de misericordia & Deos
5 de toda a consolação), antevendo as afflicções em que Amador se veria,
para lhe dar naquelle deserto o natural nutrimento, lhe deparou hũa
Corça, que tinha a seo cargo vir todos os dias á hora certa sustentalo
cõ seo leite, de sorte que viveo & veio pelo tẽpo adiante a ser sacerdote.

Succedeo pois que Amador ajudandolhe hũ dia á missa (como costu-
10 mava), ao voltar do *Orate fratres*, vendo o muito lastimado & sentido,
reservou para depois perguntarlhe a causa da novidade. A que respon-
deo o santo eremita : *Tanto me alegro de te ver nesse sublime estado,*
quanto me entristeço de naõ saber as penas, que teo par padece na outra
vida, portanto lémbrate em teos sacrificios de sua alma, para que Deos
15 *aja misericordia della, & da tua, quando (depois de largos annos) par-*
tires della.

E dizendolhe certo numero de Missas que Santo Amador lhe
apontou, foi lhe revelado, que estivera no Porgatorio, até aquelle
tempo & que por meio dellas, ia gozar da gloria, cõ que ficou muito
20 alegre e contente.

O qual continuando em seos louvaveis exercicios, domando a Carne
com abstinencias, dando novo vigor a seo spirito, que cõ o jejum se
aliviava & levantava sobre si até penetrar no Céo.

Chegado o tempo de sua partida recebido o precioso Corpo & Sangue
25 do Senhor, das mãos deste seo discipulo em seos amorosos braços, &
colloquios divinos cõ Christo, invocando o glorioso Principe da Igreja,
exalou suavemente o espirito.

A cujo corpo com muitas lagrimas & reverẽtes osculos deo sepultura
debaixo do altar, como melhor lhe foi possive. E não se apartando
30 nunqua della, passou o restante da vida, imitando o frescor de seos
exemplos & motivos de sua santidade.

Tanto que dizem os naturaes daquella villa, que estão seos ossos
juntamente cõ os de Santo-Amador, no cofre, que hoje se conserva
sobre o Altar. Onde o famoso Anacoreta he venerado de tempo imme-
35 morial & invocado de toda a Beira, para maleitas, porque os enfermos
dellas, trazendo terra de sua sepultura ao pescoço cóbrão milagrosa
sande; & assi mesmo para o pulgão & lagarta de que os campos
daquelles contornos sáo mui infestados.

II. — Messes de Saint Amadour dans le Béarn.

17 avril 1561. Testament de Marianne de Codave, d'Accous : deux trentenaires de S. Amadour (*Archives des Basses-Pyrénées*. E.1095, f. 2).

... Testament de Marie de Vigneau, de Borce : « Item vol, mande et ordena... per sa anima sing trentenaris, los dus de S. Amador et los tres de *Requiem* » (*Ibid*. E. 1098, f. 51).

12 mai 1565. Marie de Salanoa, d'Urdos, laisse un trentenaire de messes de S. Amador, à chanter « *quand meilhor lor placera* » (*Ibid*. E. 1099, f. 121ᵛ).

4 octobre 1594. — Marie Baringo, d'Urdos, laisse un trentenaire de S. Amador et six messes de *Requiem* (*Ibid*. E. 1102, f. 70ᵛ).

28 octobre 1598. — Marie de Capdevielle, de Borce, laisse deux trentenaires de messes de *Requiem* et un trentenaire de messes de S. Amador, à dire où bon semblera (*Ibid*. E. 1102, f. 129).

(*Registres des notaires d'Aspe*. On n'y trouve plus rien dans ce genre dès le commencement du XVIIᵉ siècle).

1ᵉʳ janvier 1531 (1532). — Testament de Guilhem de Supervielle, prébendier de Sainte-Marie d'Oloron : « Item volo e ordena que lo fossen cantatz dos trentenariis, l'un de sent Amador, et l'autre de *Requiem* » (*Ibid*. E. 1770, f. 19ᵛ).

19 novembre 1537. — Testament de Ramond de Berns : « Item lexa et legua que funda la nobena lo sie celebrat ung trentee de Sanct Amador ab offerta de pan et candela » (*Ibid*. 1772, f. 23ᵛ).

28 décembre 1538. — Testament de Bes de Soler, jurat de Sainte-Marie d'Oloron : « Item que lo sian cantadas las missas de sanct Amador ab offerta de pan et candela » (*Ibid*. f. 232ᵛ).

(*Registres des notaires d'Oloron*, les messes de S. Amadour y sont mentionnées dès le commencement du XVIᵉ siècle jusqu'à la fin. Dans les siècles antérieurs, XIVᵉ et XVᵉ, il n'est qu'une seule fois mention des messes de S. Amadour dans les vieux notaires de Pau et d'Oloron) (1).

---

(1) Toutes ces notes m'ont été complaisamment communiquées par M. le chanoine Dubarat, archiprêtre de Saint-Martin de Pau.

www.ingramcontent.com/pod-product-compliance
Lightning Source LLC
Chambersburg PA
CBHW061745060726
47597CB00007B/2772